Susanne Scholl · Über einen notwendigen Krieg

Reihe KANTEN

Susanne Scholl

Über einen notwendigen Krieg

Warum das System Putin besiegt werden muss

Edition Konturen
Wien · Hamburg

Gefördert von der Stadt Wien Kultur.

Bibliografische Information der Deutschen Bibliothek
Die Deutsche Bibliothek verzeichnet diese Publikation in der Deutschen Nationalbibliografie, detaillierte bibliografische Daten sind im Internet über http://dnb.ddb.de abrufbar

ISBN 978-3-902968-84-5
Druck: Donau Forum, 1230 Wien
Printed in Austria

Krieg ist dumm!
Krieg ist keine Lösung!
Krieg ist ein Verbrechen!
Und trotzdem gibt es Kriege, die geführt werden müssen.
Um die Welt vor Schlimmerem zu bewahren.

Es ist wieder Krieg in Europa. Ein dummer, sinnloser, verbrecherischer Krieg!
Ich wollte es nicht wahrhaben. Wie so viele dachte ich, Putin werde nicht bis zum Äußersten gehen.
Ich habe mich geirrt. Wie so viele so oft schon in der Geschichte der Menschheit.
Nicht geirrt aber habe ich mich in der Voraussicht, dass wir uns sehr schnell an diesen Krieg gewöhnen werden. Nach wenigen Tagen schon war er aus der vordersten Front – um mir diesen kriegerischen Ausdruck zu erlauben – der Nachrichten verschwunden. Und wir begannen uns mit uns selbst zu beschäftigen.
Und genau so muss es damals gewesen sein.
Damals, als man meine Großeltern ermordete und die Weltöffentlichkeit zusah und wegsah. Damals, als meine Eltern um ihr Leben rannten und die Weltöffentlichkeit sich mehr Sorgen um sich selbst machte.
Jetzt zittern wir also dem nächsten Winter entgegen, in dem unsere Wohnungen vielleicht kalt bleiben werden. Aber wir lassen den Krieg, der ganz in unserer Nähe stattfindet, nicht an uns heran.

Als der Krieg begann, war ich wie eingefroren.
Wochenlang konnte ich diese neue Realität nicht spüren. Nicht in meinem Herzen begreifen.
Der Kopf sagte es mir. Wir sind im Krieg. In einem Land, dass du kennst, in dem viele jene Sprache sprechen, die du so liebst.
Das Gefühl aber sagte: Ich kann es nicht spüren.
Ich wollte nicht weinen oder schreien, ich wollte schlafen.
Ich wollte die Gefühle, die tief in mir wohl da waren, nicht laut werden lassen.
Ich redete. Ich redete über den Krieg und meine Fassungslosigkeit.
Aber ich fühlte ihn nicht.
Der Krieg, der ungerechte, ungeheuerliche, dieser Krieg zwischen zwei Ländern, die ich so gut kenne, hatte mich tiefgefroren.

Als ich das erste Mal ins tschetschenische Grosny, kam war es ein Ruinenfeld.
Auf dem Weg dorthin sahen wir am Straßenrand eine Gruppe russischer Soldaten, die nach Minen suchten. Es waren Kinder. Den meisten rutschte der viel zu große Helm bis über beide Ohren. Darunter sahen uns schreckgeweitete Augen an, umgeben von Pickeln der gerade erst beginnenden Pubertät. Am Rücken trugen sie brav ihre Waffen. Kinder im Krieg. Meine tschetschenischen Freundinnen empfanden Mitleid mit diesen Kindern in Uniform. Die manchmal in die Dörfer

kamen, um Essen zu erbetteln. Weil die Armee sie nicht versorgte. Die Armee, deren Führer im fernen Moskau saßen und die Geldmittel kaum je bis zu diesen Kindern gelangen ließen. Diese verschreckten Kinder führten den Krieg jener, die in Moskau ein luxuriöses Leben führten.
Auch damals in Moskau spürten wir nichts von diesem Krieg. Nur wenn wir Leute trafen, die direkt damit zu tun hatten, erfuhren wir von den Gräueln. Nur wenn russische Kollegen hinfuhren und zurückkamen, den Horror ins Gesicht geschrieben, und darüber sprachen, wurde uns bewusst, dass wir in einem Land im Krieg lebten. In einem Land, in dem junge Männer in den Tod geschickt wurden, weil alte Männer nicht willens oder in der Lage waren, einen Konflikt im Gespräch zu lösen.
Damals in Tschetschenien.
Heute in der Ukraine.
Immer geht es um Macht und ums recht behalten. Darum, zu beweisen, wer der Stärkere ist. Darum, Entwicklungen, die man nicht mag, zu verhindern. Um die Angst der einen, ihre Machtposition einzubüßen, und den Wunsch der anderen, frei zu entscheiden, wohin ihr Land gehen soll.
Damals in Tschetschenien fiel es manchmal schwer zu entscheiden, wohin unsere Sympathien sich neigten, wen wir lieber hatten, wem wir vertrauen konnten.
Ich vertraute meinen Freunden. Meinen Freundinnen. Denn in Tschetschenien waren es Frauen, die mich

herumführten, die so viel mutiger waren als ich und in deren Gesellschaft ich mich immer sicher fühlte, auch wenn wir durchs zerstörte Grosny gingen oder am Abend in einem Café aßen, wo auf jedem Tisch rund um uns Waffen lagen. Wo nur wir unbewaffnet unsere Suppe löffelten.

Wenn ich mit ihnen über den Markt in Grosny ging, der schon so oft Ziel schrecklicher Bombenangriffe geworden war, fühlte ich kein Unbehagen. Auch damals habe ich diesen Krieg nicht bis in meine tiefsten Tiefen von Angst und Gefühl gelangen lassen. Ich sperrte ihn aus und ging über diesen Markt, der aussah, wie es wohl hier in Wien am Ende des verbrecherischen Zweiten Weltkrieges ausgesehen haben muss.

Frauen in zerschlissenen, dünnen Mänteln, das Kopftuch fest unter dem Kinn verknotet, boten Gemüse feil, das sie mühsam in ihren Gärten gezüchtet hatten, und freuten sich über jeden Rubel, den wir ihnen übergaben. Das war in Tschetschenien, als Putin die sogenannte antiterroristische Operation ausgerufen hatte. Als Abgesandte des Verbrecherregimes, das Putin in Grosny installiert hatte, Anna Politkowskaja in Moskau ermordeten und den Krieg damit bis in die weit vom Kaukasus entfernte Hauptstadt brachten.

So viele Ähnlichkeiten drängen sich mir heute auf, wenn ich an die Ukraine denke.

In der Ukraine habe ich so viele Menschen erlebt, die sich von vergangenem Denken frei machen wollen.

Und denen genau das verübelt wird von der Moskauer Machtelite, die eine Ansteckung ihrer Untertanen fürchtet.
Als ich bei der Kiewer Buchwoche eingeladen war, stellte man mir eine junge Frau zur Seite, mit der mich inzwischen eine innige Freundschaft verbindet.

Zu Vorgeschichte:
Ich, als Tochter aus einer Opferfamilie, war voller Vorurteile gegenüber „den Ukrainern"!
Eine meiner Aktivitäten in Moskau hatte mit der Menschenrechtsorganisation Memorial zu tun.
Meine Freundin Irina, Historikerin, Autorin und mein Cicero durch die Mäander russischer Unabwägbarkeiten sowohl politischer als auch gesellschaftlicher Art, war dort verantwortlich für ein unglaublich anmutendes Projekt: einen jährlichen Schulwettbewerb für Schüler zwischen 15 und 18 Jahren mit dem Titel „Der Mensch in der Geschichte. Russland im 20sten Jahrhundert"!
Jedes Jahr kamen hunderte Geschichten aus der ganzen ehemaligen Sowjetunion, eingereicht von den Lehrerinnen und Lehrern der Teilnehmer.
Und was für Geschichten!
Ich habe einige Dutzend von ihnen ins Deutsche übersetzt für eine Veröffentlichung in Deutschland.
Darunter auch Geschichten aus der Ukraine.
Auch aus der von Nazis besetzten Ukraine.
Geschichten über die Vernichtung der Juden und

die Beteiligung ukrainischer Menschen an dieser Vernichtung.
Geschichten, die mich oft wochenlang nicht schlafen ließen.
Immer wieder musste ich als Korrespondentin natürlich auch in die Ukraine fahren. Und natürlich begegnete mir auch dort – wie in Russland immer wieder – Antisemitismus der gröbsten Art. An eine Geschichte im Speziellen erinnere ich mich.
Mein ukrainischer Producer, ein begabter Fotograf und netter Kerl, zeigte mir Kiew. Wir kamen zu einer Statue des Nationalhelden Bogdan Chmelnytzkyj. Der saß stolz auf einem Pferd, dessen rechtes vorderes Bein elegant in die Luft gehoben war.
„Eigentlich wollten sie unter den Huf ja einen sich windenden Juden hinlegen, aber das haben sie sich dann doch nicht getraut", sagte mein Begleiter und lachte laut über seine eigene Bemerkung, die er unglaublich witzig fand. Erst als er mein versteinertes Gesicht sah, wechselte er schnell das Thema.
Ich war also voller Vorurteile und empfand auch eine gewisse Abneigung gegen die Ukraine als Ganzes.
Als ich während der Maidan-Bewegung nach Kiew kam und den wunderbaren humorvollen gescheiten Andrej Kurkow kennenlernte, den wichtigsten lebenden ukrainischen Schriftsteller der Jetztzeit, änderte sich mein Gefühl gegenüber diesem Land.
Andrej begleitete mich über den Maidan und durch das Lager der Protestierenden und ich traf Menschen, die

mir sofort ans Herz wuchsen, weil sie weg wollten aus dem alten, engen, rückwärtsgewandten Leben, die nicht weiter so leben wollten, wie es schon ihre Eltern vor ihnen getan hatten.
Und dann war ich also als Gast des sogenannten Buch-Arsenals, der Kiewer Buchmesse.
Und plötzlich war alles ganz anders. Ich ging durch Kiew, in Begleitung einer wunderbaren jungen Frau ohne Vorurteile, und sah eine lebendige, fröhliche, junge, nach vorne schauende Stadt, in der ich mich nicht mehr ungemütlich fühlte, die ich vertraut empfand, freundlich und offen mir gegenüber, mir, einer Nachfahrin jener, die von den Nazis als lebensunwert bezeichnet worden waren.

Wenig später wurde ich zu einer Konferenz nach Lwiw, Lemberg, eingeladen. Zu einer Konferenz, bei der niemand etwas dagegen hatte, dass ich meine Beiträge auf Russisch lieferte. An einem freien Tag zog ich stundenlang allein durch die Stadt. Ich ging ins Museum, auf den Flohmarkt, ins Café. Überall nahm man mich freundlich auf, mich und mein Russisch, weil ich Ukrainisch nicht beherrsche. Die alten Frauen auf dem Flohmarkt, die kaum Russisch konnten, bemühten sich genauso wie ich, und wir verstanden einander. Gut.
Ich habe diesen Tag für mich selbst eingerahmt. Ihm in meinem Herzen einen besonderen Platz eingeräumt. Den vielen freundlichen Menschen, denen ich an die-

sem Tag begegnet bin. Und den vielen, mit denen ich in Kiew gesprochen habe.

Seitdem die russische Armee die Grenze zur Ukraine überschritten hat, versuche ich mir die Zukunft vorzustellen. Meine ist nicht mehr wichtig, sie wird nur noch kurz sein. Ich denke an die Zukunft meiner Kinder und Enkelkinder.
Zu Beginn hielt mich kalte Angst fest im Griff. Kalte Angst, die mich schon einmal im Leben für Wochen umklammert hatte.

Es war im Sommer 1983, und ich erwartete meine Zwillinge, die im Dezember auf die Welt kommen sollten. So wie jedes Jahr war ich zu Freunden nach Italien gereist. Nach Florenz. Später wollten wir ans Meer fahren.
An einem Vormittag war ich allein zu Hause und drehte das Radio auf, um Nachrichten zu hören.
Die erste Meldung war die vom Abschuss eines vollbesetzten südkoreanischen Passagierflugzeugs, das, von einer vermutlich russischen Rakete getroffen, abgestürzt war. Mit hunderten Menschen an Bord. Niemand hatte überlebt.
Ich saß wie gelähmt in der wunderbaren florentinischen Wohnung meiner Freundin und dachte, dies sei der Anfang vom Ende der Welt. Mir schien, als könne solch ein Verbrechen nur in einem weltweiten Krieg enden. Damals irrte ich mich, doch das gleiche Gefühl ergriff

mich, als ich am Morgen des 24. Februar 2022 die Nachricht vom russischen Überfall auf die Ukraine hörte. Wenige Tage zuvor hatte ich noch voller Überzeugung behauptet, so dumm wäre der Mann im Kreml denn doch nicht, dass er „einen totalen" Krieg vom Zaun brechen würde. Dabei hatte dieser Krieg in Wirklichkeit längst begonnen.
Nämlich 2014, als man Putins Mann in der Ukraine unter großen Opfern davonjagte und dieser als beleidigte Reaktion darauf die Krim besetzte und in Donezk und Lugansk zwei verbrecherische Kleinregime einsetzte.
Wir alle hatten uns viel zu schnell an diese Situation gewöhnt.
Die Ukraine war weit weg und wir wollten nicht wissen, was es bedeutet, wenn in einem Teil eines Landes Krieg herrscht.

Zwei Tschetschenien-Kriege, wie immer die Heuchler im Kreml den zweiten auch nennen wollten, haben ihre Auswirkungen auf die russische Gesellschaft gehabt. Ihre fatalen Auswirkungen. Acht Jahre Krieg in der Ostukraine haben die ukrainische Gesellschaft ebenfalls verändert. Aber während die russische Gesellschaft durch den Krieg verrohte, bemühte sich die ukrainische Gesellschaft darum, weiter in Richtung Demokratie zu gehen. Langsam, mühsam, mit vielen Rückschlägen, aber eben doch und trotz aller Widerstände.

Vielleicht ist es das, was Putin zu diesem Krieg getrieben hat.

Wir leben nicht im Krieg, aber mit dem Krieg. Und richten uns viel zu leicht und schnell in dieser Situation ein.
Was ist das?
Angst, Desinteresse, Abwehr?
Die Psychologen der kommenden Jahrzehnte werden viel damit zu tun haben, Erklärungen zu finden.

Aber wir, jetzt, hier, angesichts dieser Ungeheuerlichkeit, müssen uns fragen, wie es so weit kommen konnte.

Ich bin nach dem Krieg geboren. Eine glücklich Nachgeborene.
Ich bin geboren, als der Mord an meinen Großeltern schon Tatsache war, als meine Eltern schon wieder aus der Emigration zurück nach Wien gekommen waren, in die Stadt, nach der meine Mutter sich in der Zeit des Exils gesehnt hatte. Obwohl sie England, wo sie Aufnahme gefunden hatte, ihr ganzes langes Leben lang sehr geliebt hat, war sie doch und gegen besseres Wissen immer auch eine große österreichische Patriotin. Mein Vater wäre vermutlich liebend gern in England geblieben, hätte gern darauf verzichtet, zurückzukommen. Obwohl man ihn über das Rote Kreuz suchen ließ, ihm einen Job anbot, den er annahm und jahrzehntelang so gut ausfüllte, dass man ihn am Ende sogar mit

einem Ehrenzeichen ausstattete. Trotzdem glaube ich, dass nicht er es war, der unbedingt zurückwollte, dass viel mehr meine Mutter drängte.
Und da war auch noch „die Partei“, die kommunistische, die von ihren Mitgliedern – also auch meinen Eltern – erwartete, dass sie „ins Land“ zurückkehrten. Um ihren Beitrag zu leisten beim Aufbau des Kommunismus. Was ihnen zum Glück nicht gelungen ist. „Zum Glück“, sagte ich immer wieder auch meinen Eltern, die diesen Ausspruch nur mäßig amüsant fanden.

Einmal in der Woche helfe ich ukrainischen Flüchtlingen, indem ich übersetze. Ich kann zwar nicht Ukrainisch, aber die meisten sind auch glücklich, wenn ich russisch mit ihnen spreche. Was die ganze Absurdität dieses Krieges veranschaulicht. Unter ihnen sind Menschen, die schon vor acht Jahren vor den russischen „Befreiern“ und deren kriminellen Stellvertretern in der Ukraine in Richtung Westen zogen und jetzt weiter bis zu uns nach Österreich geflohen sind. Es sind vor allem Frauen mit Kindern. Die Männer kämpfen oder sind jedenfalls geblieben. Die meisten Männer, nicht alle. Ganz gleich, wer sie sind, woher sie kommen, aus welcher Gesellschaftsschicht sie stammen, sie alle wollen sich zwar hier in Österreich anpassen, aber sie wollen auch so schnell wie möglich zurück. Manche sind im Sommer, als es relativ ruhig war im Großteil der Ukraine, nach Hause gefahren, um ihre Männer, Väter, Brüder, Onkel, Neffen, Söhne wiederzusehen.

Bevor die militärisch empfindlich getroffene Großmacht die ukrainische Zivilbevölkerung durch Bombardements zu terrorisieren begann.
Inzwischen sind wohl alle wieder hier, meine Dienste werden jedenfalls weiterhin benötigt. Was mir diesen Krieg sehr nahe bringt. Er sickert in meinen Alltag ein. Ich hasse Krieg. Ich habe Angst. Große Angst. Und großen Zorn. Ich wünsche mir, dass die, die in Moskau diesen Krieg vom Zaun gebrochen haben, mitten ins Kriegsgeschehen geschickt werden. Damit sie persönlich erleben, was es heißt, mit dieser Art von Terror leben zu müssen. Ich wünsche mir, dass irgendwer etwas findet, was ein Ende dieses Mordens möglich macht.
Aber ich wünsche mir auch, dass meine Freundinnen und Freunde in der Ukraine so fröhlich weiterleben können, wie sie das vor dem 24. Februar 2022 tun konnten. Mit allen Problemen, die es damals gab, die heute auch da sind und deren Lösung noch auf sich warten lässt. Und das wird wohl nicht gehen, wenn dieser Krieg nicht geführt wird. Wenn – wie das so viele hierzulande für richtig halten – die Ukraine die Hände hebt und sich ergibt.

Was wäre geschehen, wenn.
Wenn man seinerzeit die Annexion Österreichs durch Hitlerdeutschland international nicht einfach so hingenommen hätte – wie wir alle vor acht Jahren die Annexion der Krim durch Putins Russland akzeptiert haben.

Ich höre schon den Aufschrei vieler Intellektueller. Man könne doch das heutige Russland nicht mit Hitlerdeutschland vergleichen, sagen sie.
Nein, solche Vergleiche sind tatsächlich nicht gut. Weil sie verschleiern, was tatsächlich passiert.
Und doch.
Damals hat man sich eingerichtet mit dem Ungeheuren. Mit der Behauptung einer Regierung, sie habe das Recht, eine andere Regierung zu stürzen und ein Land „anzuschließen", das nicht darum gebeten hatte.
Die Ukraine ist ein eigenständiger Staat.
Auch wenn Putin und sein engster Kreis das nicht wahrhaben wollen.
Die Ukraine hat lange darum gekämpft, ein eigenständiger Staat zu werden, und ist eigentlich immer noch auf der Suche nach einer unanfechtbaren Identität.
Was nicht automatisch heißen kann, dass Russland das Recht hat, ihr die Staatlichkeit abzusprechen.
Natürlich habe ich in meinem Studium der Slawistik von der Kiewer Rus als der Wiege Russlands gelernt.
Natürlich weiß ich, wie lange man in Russland Ukrainer als Kleinrussen bezeichnet hat.
Natürlich habe ich die wunderbaren, durchaus russisch anmutenden Klöster in Kiew besucht.
Natürlich habe ich auf meinen Reisen durch dieses für mich anfangs so ungeliebte Land Russisch gesprochen, weil ich Ukrainisch einfach nie lernen musste.
Natürlich habe auch ich die Herablassung der Russen gegenüber den „Kleinrussen" für selbstverständlich

genommen, für diese Bauern, die wohl auch uns ein bisschen unzivilisiert erschienen.
Natürlich habe ich den stalinistischen Massenmord durch Hunger verdrängt und mich nicht weiter für die einzelnen Geschichten von Menschen interessiert, denen ich hie und da begegnete.
Erst als eines meiner Bücher ins Ukrainische übersetzt wurde, habe ich mir selbst eingestehen müssen, dass diese Sprache – im Gegensatz zum für mich hässlich klingenden Weißrussisch, das tatsächlich an einen russischen Dialekt erinnert – eben genau das ist: eine eigene Sprache, der viel zu lange ihr Lebensrecht abgesprochen wurde, so wie man in Moskau heute der Ukraine insgesamt ihr Lebensrecht abspricht.
Und irgendwie komme ich nicht umhin, Vergleiche anzustellen, die vielen ungehörig erscheinen mögen.
Hat man Österreich nicht jahrelang das Recht auf Eigenstaatlichkeit abgesprochen?
Hat die Welt nicht seufzend weggeschaut, als Hitlerdeutschland sich Österreich einverleibte?
Ging es nicht auch damals um das „Große Ganze" – um ein Großdeutschland, das eben auch Österreich schluckte, bevor es weiter nach Osten marschierte, um sich weiteren „Lebensraum" anzueignen, ihn anderen einfach stahl?
Ist der Krieg jetzt so anders? Sind die Beweggründe so ganz andere?
Ich denke nicht.

„Der Zerfall der Sowjetunion war die größte geopolitische Katastrophe des zwanzigsten Jahrhunderts!"
Das sagte Wladimir Putin als frischgebackener russischer Präsident vor bald zwanzig Jahren.
Wir alle haben ihm damals nicht genau zugehört.
Wir wollten nicht glauben, dass da einer an die Macht kommt, der tatsächlich das Ziel hat, Großrussland, wenn schon nicht die Sowjetunion, wieder aufzubauen.
Einer, der auch vor einem brutalen Angriffskrieg nicht zurückscheut.
So wie damals, als da auch einer war, der keine Angst vor Mord und Totschlag hatte, und es waren da viele, die schwiegen, wegschauten, nicht wagten zu widersprechen.
Und heute?
Heute gibt es allzu viele, die meinen, man müsse ihm nachgeben, dem Kriegstreiber und Mörder, um uns hier, im reichen, satten Europa, vor Schlimmerem zu bewahren.
Aber darf man einem Mörder nachgeben? Kann man einem Mörder nachgeben?
Hebt man die Hände über den Kopf und ergibt sich dem Unvermeidlichen?
Die das heute den Ukrainern vorschlagen, sitzen weit weg von diesem Krieg, der so absurd anmutet im heutigen Europa nach zwei grauenhaften Kriegen und entsetzlichen Opfern.
Sie sorgen sich um sich selbst, und das kann ich irgendwie verstehen.

Aber sie sorgen sich nicht um die Menschen in Kiew und Charkiw, in Odessa und Lwiw.
Diese Menschen, ihre Rechte, ihr Leben, ihre Hoffnungen scheinen ihnen ein vertretbares Opfer für ihre eigene Sicherheit.
Damals – damals schienen das Leben, die Rechte, die Hoffnungen der Menschen in Österreich vielen ein vertretbares Opfer. Das den verbrecherischen, brutalen Krieg, den Hitlerdeutschland bald gegen ganz Europa führte, übrigens nicht verhinderte. Das niemandem Sicherheit, vielen aber unendliches Leid brachte.
Vergleiche hinken immer.
Auch dieser hinkt, weil die europäischen Politiker in ihrer Mehrheit zu wissen zu scheinen, dass es in dieser Situation keine vertretbaren Opfer geben kann.
Aber es gibt eben auch viele, die sich fürchten und deshalb bereit sind, andere zu opfern.

Das Wort Opfer kommt allzu oft vor in diesem Text.
Aber es gibt trotz allem eine historische Wahrheit in diesem Fall und diese Wahrheit lautet:
Die Ukraine ist überfallen worden, ist somit das Opfer – egal, ob man sie liebt oder ihr ihre Geschichte zum Vorwurf macht.
Seit dem Ende der Sowjetunion hat sich der Konflikt zwischen Moskau und Kiew aufgebaut.
Zunächst war Kiew auf dem Unabhängigkeitsweg sehr aggressiv – ohne allerdings wegzukommen von alten sowjetischen Gewohnheiten. Tatsächlich war die ukrai-

nische Führung in der 1990er Jahren weitaus rückwärtsgewandter als die damaligen russischen Machthaber.
Man wollte weg von Moskau, das schon.
Aber man wollte nicht unbedingt das System ändern.
Dieses System, in dem auch die zu jener Zeit in Kiew Mächtigen groß geworden waren.
Erst als mit Putins Unterstützung ein in seiner Jugend wegen Teilnahme an einer Gruppenvergewaltigung rechtskräftig verurteilter Mann aus der Ostukraine – mit tatkräftiger Unterstützung jener ostukrainischen „Kohlebarone“, die der Meinung waren, Moskau diene ihrer Geldtasche besser als Kiew – an die Macht gespült wurde, wachte jene Ukraine auf, die sich einen Weg in Richtung Demokratie wünschte.
Jener Präsident aber ließ auf Geheiß aus Moskau, wo man sich vor möglichen Beispielwirkungen angesichts der stärker werdenden Demokratiebewegung in der Ukraine fürchtete, auf die Menschen schießen, die für ein besseres, gerechteres Leben auf den Straßen Kiews kampierten.
Und mit jeder Gewehrkugel, die einen der Demonstranten traf, schossen die damaligen ukrainischen Sicherheitskräfte Moskaus Einfluss im Nachbarland weiter weg.
Nach diesem staatlich sanktionierten Morden schwankte das politische Schicksal des Landes auch deshalb hin und her, weil Wladimir Putin, empört darüber, dass man „seinen“ Mann in Kiew schließlich davongejagt hatte, seine „kleinen grünen Männchen“,

also russische Soldaten ohne Rangabzeichen, auf die Krim und in die Städte Donezk und Lugansk schickte. Das war vor neun Jahren.
Von da an versuchte der Großteil der Ukraine, sich einen Weg in Richtung Demokratie frei zu machen, während aus dem kleineren östlichen Teil die Menschen vor jenen flüchteten, deren Sprache sie sprachen, von denen sie aber durchaus nicht „befreit" werden wollten. Man stelle sich eine ähnliche Situation hierzulande vor. Ein Land, konfrontiert mit einem nicht abreißenden Strom von Binnenflüchtlingen und Krieg in einem der nicht unbedeutenden Landesteile, versucht, seine demokratische Entwicklung voranzutreiben.
Mit allen Rückschlägen, die es in einer solchen Situation geben muss.
Ja, auch die Ukraine leidet wie Russland unter Korruption und Freunderlwirtschaft, unter wirtschaftlichen Entgleisungen und Verwerfungen. Trotzdem gab es Wahlen, Reformversuche – nicht immer erfolgreich, aber doch immer wieder unternommen – und den Wunsch, nicht steckenzubleiben im Sumpf zwischen alter Sowjetunion und neuer Autokratie.
All das missfiel dem Herrn im Moskauer Kreml und verstärkte offenbar seine Überzeugung, dass der Nachbar zur Räson gebracht werden müsse.
Da mag vieles mitgespielt haben, auch die nach wie vor trotz Gas- und Ölexport alles andere als rosige Wirtschaftslage und dann natürlich die für einen kleinen KGB-Leutnant völlig verständliche Empörung darüber,

dass jenes „Kleinrussland“ nun schon seit 1991 deutlich zu verstehen gab, dass es eben nicht mehr „Kleinrussland“, sondern die freie Ukraine sein wollte. Die sich ihre Partner selbstständig aussuchte.
Die Spielregeln des kalten Krieges wurden da auf einmal außer Kraft gesetzt.
Was sollte aber einer, der mit eben diesen Spielregeln groß geworden war und keine anderen kannte, damit anfangen können?
Er konnte nichts damit anfangen, kann es bis heute nicht.
Die Welt nach Wladimir Putin ist geteilt in das große Großrussland – wenn schon nicht mehr Sowjetunion – und die USA.
Europa, dieses Europa, das immer die Parole „nie wieder“ ausgab, zählt in Putins Weltsicht nicht, ist höchstens ein Aufmarschgebiet. Mit einzelnen Staaten muss man sich aus Putins Sicht wohl irgendwie beschäftigen, aber als Gesamteinheit ist Europa eine vernachlässigbare Größe. Meint der Herr im Kreml.
Und offenbar auch einige im sogenannten Westen.
Die der Meinung sind, in der Ukraine finde „ein Stellvertreterkrieg“ statt, die USA und die NATO hätten Putin „in die Ecke getrieben“, weshalb es nicht verwunderlich sei, dass dieser nun mit Krieg antworte. Es gehe also darum, dem in die Ecke Getriebenen einen Ausweg anzubieten. Und dieser Ausweg dürfe durchaus auch auf Kosten der Ukraine gehen, es müssten halt Opfer gebracht werden.

Vor allem sollten die Opfer von denen gebracht werden, um die man sich ohnehin noch nie besonders gekümmert hat.
Die Ukraine? Ein weißer Fleck auf der Landkarte der meisten Europäer.

Ein Erlebnis, als ich noch ORF-Korrespondentin in Moskau war.
Ich wollte wieder einmal eine Reise in die Ukraine unternehmen.
Der damalige Chef der Fernsehinformation erklärte mir, die Ukraine sei „ein Ausschaltimpuls", interessiere also keinen Menschen und keinen Zuseher der Fernsehinformation in Österreich. Ich möge stattdessen mehr aus Russland berichten.
Die Ukraine? Bis 2014, als in Kiew geschossen wurde, blieb diese Haltung so. Man interessierte sich für Moskau, wusste kaum, wo Kiew wirklich lag, und fragte sich nie, was zwischen Wien und der russischen Grenze denn so vor sich ging.

Zu Sowjetzeiten galt hier im satten, sicheren, selbstbewussten, siegreichen „Westen" ohnehin folgende Milchmädchenrechnung:
Hier die sogenannte sowjetische Nomenklatura, da die sogenannten Dissidenten.
Dass dazwischen 99,9 Prozent der Bevölkerung jenes so viel zitierten und so viel gescholtenen „Ostblocks" lebten, wurde elegant übersehen.

Die 99,9 Prozent waren lediglich Schachfiguren im großen Spiel der großen Mächte, die man nach Belieben hin und her schieben konnte, weil sie keine wie immer geartete Bedeutung für unser sicheres, sattes, wohlbestalltes Leben hatten.
Was natürlich falsch war. Sehr falsch. Fatal falsch.
Erst als der sogenannte Ostblock zerbröckelte, sahen wir plötzlich Menschen. Menschen, die nicht zur Nomenklatura und auch nicht zu den Dissidenten gehört hatten. Menschen, die sich irgendwie eingerichtet hatten im mühseligen Leben hinter den Mauern, die die beiden Blöcke so perfekt errichtet hatten und die jetzt zerfielen, ohne dass den Menschen erlaubt wurde, sich neu einzurichten.
Das löste Reaktionen aus, die wir nicht verstehen wollten.
Die Menschen „dort drüben" müssten doch glücklich sein über ihre neu gewonnene Freiheit, sagte man hier, wo es früher immer geheißen hatte, „geh doch nach drüben, wenn es dir hier nicht passt".
Die neu gewonnene Freiheit gab aber nur den wenigen Dissidenten einen Moment des Aufatmens. Die 99,9 Prozent waren plötzlich um all ihre kleinen, mageren Sicherheiten gebracht, wussten nicht, wie sie weiterleben sollten.
Das wussten auch die Dissidenten nicht, die sich bald notgedrungen beleidigt in ihre Küchen zurückzogen, während Freche, Skrupellose – oft auch ehemalige Mitglieder der sogenannten Nomenklatura – aufhoben,

was auf der Straße lag, und daraus ihre eigene Macht-basis strickten, die sie danach mit Zähnen und Klauen und ohne Rücksicht auf Menschenrechte und Gesetze verteidigten.
Die, die wirkliche Veränderungen wollten, sahen mutlos und hilflos zu, wie die neu gewonnene Freiheit zwischen ihren Fingern zerrann, wie statt Reformen und neuer Freiheit Mafia und Korruption alles überschwemmten.
Das betraf Russland, aber auch den Rest der Sowjetunion.
Überall ergriffen jene die Macht, die bisher im Schatten abgewartet hatten.
Überall wurden jene zurückgedrängt, die sich tatsächlich eine andere Art des gesellschaftlichen Lebens wünschten.
Die Ukraine bildete da keine Ausnahme.
Erst, als ein Präsident vergiftet, ein anderer mit offensichtlicher Hilfe Moskaus installiert wurde, erst als man Journalisten ermordete und Menschen ins Exil trieb, rebellierten manche.
Durchaus nicht die lupenreinen Demokraten. Nein, es rebellierten die, deren Geschäfte nicht gut gingen, weil die Korruption alles übernahm.
Es rebellierten die, die sich von einer Wendung nach Westen bessere Abschlüsse erwarteten.
Es rebellierten aber auch die Gutgläubigen, die endlich weitergehen wollten auf dem Weg „in eine bessere Zukunft“.

Die eine bessere Zukunft für sich und ihre Kinder sahen und entschlossen waren, diese auch zu erreichen.
Die bereit waren, für diese bessere Zukunft alles in die Waage zu werfen, was sie hatten, auch ihr eigenes Leben.
Und so gelang es, Moskaus Mann in Kiew aus dem Amt und auch aus dem Land zu jagen.
Mit vielen Opfern, Leben, die noch viel vorhatten und die geopfert wurden. Geopfert, weil andere, vor allem solche, die weit weg saßen, ihre persönlichsten Wünsche durchsetzen wollten – und diese Wünsche hatten nichts mit jenen der Menschen in der Ukraine zu tun.

Gerade frage ich mich, was ein Krieg diesen Mächtigen gibt. Was er für sie bedeutet. Was sie sich von ihm erwarten?
Der Machthaber im Kreml lässt neuerlich alles bombardieren, was die Menschen in der Ukraine zum Überleben brauchen.
Er führt also offen Krieg gegen die Menschen in der Ukraine, auch gegen jene, die er angeblich befreien will, die seine eigene Sprache sprechen.
Wer kann, flüchtet vor diesem Befreier.
Nicht alle können das.
Das haben Kriege so an sich. Dass nicht alle flüchten können.
Und nun geschieht, was in Kriegen auch immer passiert. Die, die nicht flüchten können, finden sich als Geiseln des Angreifers wieder.

Vor der Schlacht um die Stadt Cherson im Osten der Ukraine lässt man die Bewohner mit Bussen wegbringen. Nur wer auf Seiten der russischen Angreifer zu kämpfen bereit ist, darf bleiben. Die Übrigen, die große Mehrheit, wird angeblich zu ihrer eigenen Sicherheit evakuiert. Nach Russland. Wohin die Mehrheit wohl nie wollte. Worin unterscheidet sich diese „Evakuierung" von der Verschleppung aller „Verdächtigen" nach Kasachstan und Sibirien seinerzeit?
Der Machthaber im Kreml denkt gerne an die Sowjetunion, ja wünscht sich diese zurück. Also agiert er auch so, als gebe es die Sowjetunion noch. Und lässt Unbotmäßige nach Russland bringen, weil sie sich selbst nicht als Russen, sondern als Ukrainer betrachten. Wo das Wort Krieg nicht benutzt werden darf.
Ich versuche mir vorzustellen, wie es diesen „evakuierten" Menschen wohl gehen mag. In einem Land, in dem im Fernsehen grundsätzlich und schamlos gelogen wird. In dem man ihnen erzählt, man habe sie von Faschisten und Neonazis befreit. Man habe ihr Leben und vor allem ihre Zukunft gerettet.

Und dann versuche ich mir vorzustellen, was von der Ukraine bleibt, wenn man dem kleinen Mann im Kreml nicht Einhalt gebietet.
In manchen Stellungnahmen, auch des Machthabers im Kreml, konnte man hören, dass die Ukraine kein Existenzrecht habe, kein eigener Staat sei, ausgelöscht werden müsse.

Wir schreiben das Jahr 2022 – wir leben im
21. Jahrhundert.
Und wir hören, dass ein Land ausgelöscht werden solle.
Ein Land? Das heißt die Menschen, die in diesem Land leben.
Wir sehen, dass ein Machthaber im Nachbarland die zivile Infrastruktur bombardieren lässt. Und damit den Tod Hunderttausender billigend in Kauf nimmt – welch sanftmütige Formulierung angesichts dessen, was das Tag für Tag bedeutet.

Was aber – so frage ich mich –, was veranlasst einen Menschen dazu, bewusst Tausenden anderen Menschen, die er nicht kennt und die ihm bisher nichts Böses wollten, ihr Leben zuerst zur Hölle zu machen und dann zu nehmen?
Glaubt er, damit einem Größeren Ganzen zu dienen?
Oder einfach nur, weil er es kann?
Ich scheitere am Versuch, mich in den Kopf solcher Machthaber hineinzuversetzen.
Ich kann es nicht nachvollziehen.
Welchen Nutzen zieht ein Mensch daraus, ein ganzes Land zu zerstören?
Mir fällt dazu nur die Szene aus Chaplins „Großem Diktator“ ein, in der er als Hitler einen den Erdball darstellenden Luftballon über sich kreisen und springen lässt.
Ist es wirklich so einfach, so banal?
Die Erotik der Macht, die Freude, Macht zu haben über andere Menschen, der Genuss im Entscheidenkönnen über Leben und Tod?

Ich kann sie nicht nachvollziehen.
Ich möchte niemals solche Entscheidungen treffen müssen.
Was kann einem daran Freude machen?
Soll ich mich wirklich in den Kopf des Mörders schleichen, um zu erfahren, was ihn antreibt?
Krieg ist Mord.
Und dann?
Soll man Mord einfach geschehen lassen?
Und was geschieht danach?
Was wird aus dem Land, das ausgelöscht werden soll?
Und die Folgen?

In Afrika wird das Brot knapp, weil der Mörder im Kreml das Getreide aus dem Land mit der reichsten Erde nicht mehr dorthin gelangen lassen will.
Schon heißt es, dieses Getreide stehle er für sein eigenes Land, dessen Wirtschaft am Boden liege.
Wir zuerst und nach uns die Sintflut also.
Wir nehmen uns, was andere dringender brauchen, wir lassen andere hungern und sterben, um dem Land, das wir vernichten wollen, alles zu nehmen.
Die Geschichte wiederholt sich.
Damals, unter Stalin wurde die Ukraine mit einer unglaublichen künstlich erzeugten Hungersnot bestraft, weil die Bauern in diesem so fruchtbaren Landstrich nicht in die Kollektivwirtschaft der Sowjets gezwungen werden wollten.

Jetzt wird dieses selbe Land, das versucht, seinen Weg in eine menschlichere Zukunft zu finden, mit den gleichen Mitteln angegriffen.
Ich, die Nachgeborene, die glücklich Lebende, die für all jene zu leben hat, die nicht leben durften, die nicht leben sollten – ich weigere mich, die Logik der Mörder zu verstehen.
Ich habe nie viel Grund gehabt, dieses so sehr gestrafte, gebeutelte Land mit seinem fetten Schwarzerdeboden zu lieben.
Ich hätte nicht leben dürfen, wäre ich zu einer anderen Zeit in diesem Land geboren.
Und doch finde ich mich als Verteidigerin dieses Landes wieder, trage stolz die blau-gelbe Fahne am Revers, um meine Solidarität zu demonstrieren, zu zeigen, auf wessen Seite ich stehe.
Muss mich immer wieder rechtfertigen gegenüber vielen, die meinen, ich hätte die falsche Seite gewählt, ich wolle nicht wahrhaben, wie sehr Rassismus und Antisemitismus in diesem Land doch immer noch präsent seien. Als ob das für das Land der Angreifer nicht gleichermaßen gälte. Muss mich verteidigen gegen jene, die behaupten, dieser Krieg sei doch nur wieder ein Stellvertreterkrieg zwischen Ost und West, wie wir schon so viele im noch gar nicht so lange vergangenen zwanzigsten Jahrhundert gesehen haben.
Muss mich verwehren gegen die vielen Versuche, zu relativieren, was in jenem angegriffenen Land vor sich geht.

Gegen das Verständnis einiger für den Mörder im Kreml.
Man habe ihn in die Enge getrieben, ihm keine Wahl gelassen, sagt man mir.
Nein, sage ich.
Keine Wahl hatte die angegriffene Ukraine.
Keine Wahl, als die Panzer über ihre Grenzen rollten.

Krieg ist immer auch eine Bankrotterklärung.
Die Bankrotterklärung der Menschen, ihrer Fähigkeit zum Miteinander, ihrer Bereitschaft, sich auf andere einzulassen, ihres Mutes und ihrer Gefühlswelt.
Wer andere Menschen missachtet, missachtet doch im Endeffekt vor allem auch sich selbst.

Im russischen Fernsehsender *Russia Today* sprach heute einer seiner Chefs darüber, dass es doch wohl richtig sei, ukrainische Kinder zu verbrennen, ukrainische Frauen zu vergewaltigen und überhaupt die Ukraine auszulöschen.
Ich weiß ja nicht, wer die Verwandten dieses Mannes sind, aber ich wage zu behaupten, dass auch er irgendeinen ukrainischen Zweig in seiner Familie hat. Wie die Mehrheit der Menschen in Russland.
Wie kann ein Mensch, der diesen Namen verdient, derlei sagen, ja auch nur denken?
Und wie kann es sein, dass in einem Land, dass eine so grausame Geschichte hat wie Russland, derlei öffentlich gesagt werden kann?

Ja, der Mörder im Kreml hat ähnliches auch schon laut vor sich hingesprochen. Und auch hier frage ich mich, wie das möglich ist.

Ich kann verstehen, dass man manche Menschen nicht mag.

Ich kann auch verstehen, dass man ganze Gruppen von Menschen nicht mag.

Meine ermordeten Großeltern haben mir als Erbe tiefes Misstrauen gegenüber „den Deutschen" mitgegeben, durchaus auch gegenüber „den Ukrainern" und sogar gegenüber „den Weißrussen", denn in Weißrussland, nahe der Hauptstadt Minsk, hat man meine Großeltern mütterlicherseits ermordet.

Trotzdem würde ich keinem Deutschen, Ukrainer oder Weißrussen oder auch Österreicher – die ja an der Deportation meiner Großeltern beteiligt waren – einen so grausamen Tod wünschen.

Wie aber kann ein „Staatsmann" sich vor sein Volk hinstellen und verkünden, dass man ein anderes Volk vernichten wolle?

Was geht in diesen Köpfen vor?

Ich weiß es nicht, eigentlich will ich es auch gar nicht wissen, aber ich denke, wir sollten uns das alle fragen. Und nicht nur im Bezug auf den Mörder im Kreml, sondern auch auf Menschen ganz in unserer Nähe, die bereit sind, anderen ihr Menschsein abzusprechen.

Denn darum geht es.

Wenn man Krieg führt, muss man jene, gegen die man diesen Krieg führt, entmenschlichen. Sonst könnte man ja vielleicht Skrupel haben, ihnen anzutun, was man ihnen antut.

Wir leben also im 21. Jahrhundert, das nach unserem Verständnis das Jahrhundert der Vernunft sein sollte, als wären wir zurückgefallen ins viel gescholtene Mittelalter, das in seiner Grausamkeit durchaus nicht immer so viel schlimmer war als nachfolgende Zeiten.
Und in diesem Jahrhundert der Vernunft stellen sich Menschen vor Fernsehkameras und erklären öffentlich, dass andere Menschen vernichtet werden müssen, kein Recht auf Leben haben.
Kann mir das jemand erklären?
Krieg ist die Bankrotterklärung all dessen, was uns als Menschen ausmacht.
Daran kann kaum ein Zweifel bestehen.
Und doch.
Was hätte ich darum gegeben sagen zu können, dass die „Anständigen“ damals früher in den Krieg gegen den Mörder Hitler und seine Anhänger eingetreten wären.
Dass sie Auschwitz früher bombardiert hätten – bevor man meine Großmutter väterlicherseits ins Gas schickte.
Das war ein Krieg, der geführt werden musste.
Weil es um das Überleben einer ganzen Welt ging, unserer Welt.
Die übrigens nur in kleinen Nischen tatsächlich überlebt hat.

Ich wäre wohl nie geboren worden, hätten die Mörder gesiegt.
Viele, nicht nur solche wie ich, wären wohl nie auf diese Welt gekommen, hätten wohl nie zumindest den Versuch unternehmen können, diese Welt, die einzige, die wir haben, besser zu machen.

Aber.
Es ist uns nicht gelungen.
Wir wollten Gerechtigkeit und Respekt und sahen nicht, dass am Ende jene stärker waren, die nur ihr eigenes Fortkommen im Sinn hatten und haben.
Wir sind eine Generation von Unfähigen.
Unfähig, Respekt zum höchsten Gut zu erklären.
Unfähig, das Zusammenleben der Menschen auf eine neue, tolerante, gleichberechtigte Ebene zu heben.
Unfähig, die Barbarei in ihre Schranken zu weisen.

Erstaunlich, dass so viele wie ich so lange gebraucht haben, um zu verstehen, dass immer die Respektlosen, Intoleranten, Eigensüchtigen die Oberhand behalten.
Wir wollten es nicht wahrhaben. Wir haben geglaubt, dass unsere Welt die beste ist, dass es jeder sehen und verstehen müsse, wie gut unser Leben ist.
Aber nicht alle wollen ein gutes Leben.
Nicht alle wollen ein gutes Leben für alle. Daran scheitern wir. An der Missgunst, am Neid, an der Fantasielosigkeit.
Ja, es fehlt an Fantasie, an Vorstellungsvermögen.

Weil man selbst sich nicht vorstellen kann, wie ein gutes Leben aussehen könnte, sollen auch alle anderen nicht danach streben dürfen.
Die Absurdität dieser weit verbreiteten Haltung besteht darin, dass man dieses Streben vor allen jenen übelnimmt, die um ihr Leben rennen müssen.
Dass sie einfach am Leben bleiben wollen, wird ihnen als Streben nach Wohlstand angekreidet.
Obwohl jene, die es ihnen verübeln, selbst meist ziemlich gut leben.

Ach, wie furchtbar kompliziert. Denke ich und will daran fast verzweifeln.

Krieg jedenfalls löst keines der Probleme, die mir einfallen.
Ich kenne keine Lösungen durch Krieg.
Außer.
Außer, dieser Krieg zielt darauf ab, ganze Völker auszulöschen, Hunderttausenden, ja sogar Millionen Menschen ihr Recht auf Leben abzusprechen. Ihr Recht auf menschenwürdiges Leben, aber auch einfach nur ihr Recht auf Leben.
Und wenn es da plötzlich heißt, ein Land, ein Staat, ein Volk habe kein Recht zu existieren.
Dann muss man Krieg führen.
So einfach ist das.
Als meine Großmutter nach Auschwitz deportiert wurde, als meine anderen Großeltern im Viehwaggon

nach Maly Trostinec bei Minsk lagen, hätte ich mir gewünscht, dass die Bahngeleise, dass Auschwitz, dass Maly Trostinec bombardiert würden.
Vielleicht wären sie auch dabei gestorben. Aber ihr Tod wäre nicht so grauenhaft würdelos, niederträchtig, haarsträubend gemein gewesen.
In Auschwitz im Gas, in Maly Trostinec nackt vor einem Erschießungskommando.
Dieser Krieg gegen die Entmenschlichung ist viel zu spät begonnen worden, und er musste geführt werden.
Hätten damals die selbsternannten Pazifisten mit ihren Rufen nach Frieden um jeden Preis Recht behalten, ich wäre vielleicht nicht mehr hier, wäre vielleicht nie geboren worden.

Die Erklärung des Mörders im Kreml, die Ukraine habe kein Recht zu existieren, die Ukrainer seien kein Volk, hat diesen Krieg unvermeidbar gemacht.
Dieser Krieg ist ein Verbrechen.
Ein Verbrechen des kleinen Mörders im Kreml, der Herrscher über „mehr“ sein will, der seine Macht ausweiten will um jeden Preis, der sich in der neuen Welt nach dem Ende des sowjetischen Imperiums nicht zurechtgefunden hat und einfach beschlossen hat, eine neue, seine neue Weltordnung festzulegen.
Und diese Weltordnung bedeutet, dass nur, wer sich ihm unterwirft, leben darf.
Das ist ebenso grauenhaft wie einfach.

Es ist ebenso entsetzlich wie folgerichtig, dass in seinem Windschatten mit seinem Gutheißen die schlimmsten Verbrecher, die das einstige Imperium aufzubieten hat, die Ukraine als ihre Spielwiese betrachten können. Dieser Krieg gegen den Verbrecher im Kreml und seine Spießgesellen muss geführt werden.

Und alle, die immer wieder laut schreien, man dürfe nicht Krieg führen, man dürfe die Angegriffenen, die Opfer, nicht unterstützen, weil „neue Waffen nur mehr Tote bedeuten", machen sich mitschuldig.

Denn was wäre die Alternative?
Damals, als meine Großeltern ermordet wurden von Barbaren ohne Menschlichkeit, wurde dem Morden viel zu lange zugeschaut.
Heute sind so viele der Meinung, die Ukrainer hätten irgendeine Schuld zu begleichen und müssten deshalb kollektiv die Arme heben und sich abschlachten lassen.
Ich bin froh, dass heute die Mehrheit der Welt nicht zuschauen oder besser gesagt wegschauen will.

Ich habe Angst vor Waffen und ich habe Angst vor Krieg.
Und ich weiß, wovon ich rede. Im Gegensatz zu den meisten, die sich selbst Pazifisten nennen und deshalb von den Menschen in der Ukraine verlangen, sich nicht zur Wehr zu setzen, wenn sie angegriffen werden.
Ich habe in Tschetschenien erlebt, was Krieg ist, was

Krieg mit den Menschen macht und was Krieg mit einem Land macht.
Und ich lebe, weil der Krieg gegen den Verbrecher Hitler und seine Kumpane viel zu spät aber doch geführt wurde.
Meine Freunde in der Ukraine müssen geschützt und unterstützt werden.
Genauso, wie meine Freunde aus Russland, die in der Mehrheit das Land verlassen mussten.
Weil das Leben dort für sie ganz und gar unlebbar geworden ist.
Auch für sie muss dieser Krieg geführt werden.
Damit sie irgendwann und hoffentlich bald wieder nach Hause zurückkehren können, in ein Russland, das wir alle so lieben und das mit dem Russland des Mörders im Kreml und seiner Banden nichts zu tun hat.

Ich möchte ohne Angst nach Kiew und Moskau reisen und meine Freunde dort besuchen.
Ich möchte mich an der Schönheit der Natur, der Weite des Himmels, der Breite der Flüsse und am Humor der Menschen da wie dort erfreuen und mich dort wieder so zu Hause fühlen, wie ich das viele Jahre lang konnte.
Ich glaube, dass das nur möglich sein wird, wenn man diesen furchtbaren Krieg „zu Ende“ führt.
Bis der Mörder im Kreml mit all seinen Mitverbrechern davongejagt sein wird.
Ich möchte meine russischen Freunde wieder in Moskau besuchen – und nicht in Berlin, Warschau oder Tiflis.

Ich möchte mit meinen ukrainischen Freunden durch Kiew, Charkiw, Odessa und Lwiw spazieren gehen, ohne Angst vor Raketen zu haben.
Ich möchte nicht mehr darüber diskutieren müssen, ob man russische Literatur noch lesen darf, russische Musik noch hören darf, ob es recht ist, auch die Verzweiflung der Menschen in Russland anzuerkennen.
Ich möchte nicht mehr die einen gegen die anderen verteidigen müssen und ich möchte vor allem nie mehr dieses unsägliche „ja, aber …" hören.
Der Krieg, so sagen die, die eigentlich den Angreifern, den Tätern das Wort reden, dieser Krieg also sei natürlich Unrecht und ein Verbrechen.
„Ja, aber …" man müsse da schon sehen, was die Ukraine nicht alles angestellt habe, um Russland quasi zu diesem Angriff zu zwingen.
Da seien die westlichen Berater des Präsidenten ebenso zu nennen, wie die Vorgeschichte.
Wobei genau diese Vorgeschichte, wenn man sie in Ruhe und mit einiger Vernunft betrachtet, nur zu dem Schluss führen kann, dass Russland sich schuldig gemacht hat. Seit Jahrzehnten.
Natürlich hat auch die Ukraine unrühmliche, entsetzliche, verbrecherische Geschichtsabschnitte. Natürlich hat die Ukraine gerade auch während des Krieges gegen die Nazis große Schuld auf sich geladen. Natürlich muss sich die Ukraine damit auseinandersetzen.
Das aber rechtfertigt Putins Verbrecherkrieg gegen die Ukraine in keiner Weise. Zumal der russische Präsi-

dent ja auch die ordentliche Geschichtsaufarbeitung in seinem eigenen Land behindert, um nicht zu sagen, verhindert.
Ich halte wenig von der Aufrechnung historischer Schuld des einen gegen die des anderen.
Aber den jetzigen Krieg gegen die heutige Ukraine mit deren zugegebener Schuld seinerzeit zu rechtfertigen, ist selbst ein Verbrechen.
Ein Verbrechen an der Intelligenz der Menschen, ein Verbrechen gegen eine Generation, die versucht, sich freizumachen vom Terror ihrer Vorgänger.
Das Ende der Sowjetunion sollte eigentlich ein Aufbruch sein, eine Möglichkeit, neu zu denken und zu handeln.
Mit Leuten wie Putin und seinem engsten Kreis ist das nicht möglich. War es nie. Mit Putin ist die alte Denkschule zurück an die Macht gekehrt.
Jene Denkschule, in der Menschen nur als Mittel zur eigenen Macht eine Rolle spielen, nicht als Menschen.

Ich verstehe sie nicht, jene, die offen oder verdeckt verteidigen, was nicht zu verteidigen ist.
Ich verstehe sie nicht, jene, denen das „Ja, aber …“ so leicht von den Lippen kommt.
Die mit bedeutsamem Augenaufschlag darauf hinweisen, dass die Ukraine in diesem Krieg schließlich von der NATO Unterstützung erhalte.
Ja, das ist eine Tatsache. Wer aber sollte die Ukraine in diesem Krieg sonst unterstützen?

Die „Ja, aber ...“-Sager würden jetzt antworten: Niemand!
Die Ukraine, so meinen sie wohl, hätte die Hände heben und die russischen Truppen willkommen heißen sollen.
Der Präsident in Kiew hätte sich verschleppen, vermutlich ermorden lassen sollen, um einem Moskau-genehmen Nachfolger Platz zu machen.
Am besten hätte die Ukraine noch die Eingliederung in Russland erbitten sollen.
Die solches denken, machen sich der Mittäterschaft schuldig.
Die Ukraine hat eine schwierige Geschichte. Aber die muss sie selbst aufarbeiten, und zwar als unabhängiger Staat – nicht als russisches Protektorat.

Und dann ist da noch ein weiterer Umstand, der mir den Schlaf raubt.
Seit Wochen sehen wir, wie Putins Schergen die Ukraine bombardieren. Nicht vielleicht militärische Stützpunkte oder Flugfelder.
Nein.
Putin lässt in der Ukraine systematisch die Infrastruktur zerstören.
Dass das nicht das Militär, sehr wohl aber die Zivilbevölkerung trifft, scheint in Moskaus Bunker keine Rolle zu spielen.
Ich sitze also zu Hause in meiner warmen, gemütlichen Wiener Wohnung und sehe, wie in der Ukraine

der Strom ausfällt, die Menschen weder Heizung noch Wasser haben.
Und ich denke, dass diese Art der Kriegsführung nur eines im Sinn haben kann: die Vernichtung einer Bevölkerung.
Wir sehen, wie ein Land in Dunkelheit, Hunger und Durst, unerträglicher Kälte und in der Folge wohl auch Seuchen und Tod durch Krankheiten versinken soll.
Und dann?
Dann will der Mörder im Kreml die Ukraine besetzen?
Einen toten, entvölkerten Landstrich?
Ich sehe es und kann es nicht glauben.
Im 21. Jahrhundert kehren wir zurück in die Barbarei.
Und ich erinnere mich an viele Diskussionen, in denen es um die sinkende Bevölkerungszahl in Russland ging.
Was also will dieses riesige Land mit seinen vielen Ressourcen mit einer toten Ukraine an seiner Grenze anfangen?
Soll es den Ukrainern gehen wie Armeniern, Kurden und so vielen anderen Völkern, die sich, verteilt auf der ganzen Welt, nach ihrem eigenen Land zurücksehnen?
Dem Land um Kiew, in den Karpaten, am Meer?

Ich glaube ja eigentlich, dass Heimat kein territorialer Begriff ist.
Für mich ist Heimat dort, wo die Menschen sind, die ich liebe.
Aber vielleicht bin ich da eine Ausnahme.
Jedenfalls sehe ich rund um mich viele, die den Begriff

Heimat auch mit Sprache, mit Landschaft, mit Gerüchen, mit Geschmäckern verbinden.
Meine ukrainischen Freunde kämpfen darum.
Um dieses Stück Erde, das man gerade kaputt schießt.
Keiner der vielen Ja-aber-Sager konnte mir bisher erklären, warum dieser Krieg unumgänglich war.
Denn dass Russland die Ukraine angegriffen hat und nicht umgekehrt, muss doch selbst der verbissenste Putin-Versteher einräumen, oder?
Ich weiß es nicht.
Ich verstehe es nicht.
Ich sehe fassungslos, wie die Truppe im Kreml ohne Skrupel darauf besteht, die Ukraine zu ruinieren.
Wer heute im 21. Jahrhundert die Infrastruktur eines Landes zu zerstören versucht, ist ein vielfacher Mörder.
Ohne Wenn und Aber.

Um nicht in der totalen Depression zu verfallen, bleibt mir noch die Hoffnung auf ein Restchen Vernunft, dass vielleicht irgendwo in Russland noch vorhanden sein mag.
Und vielleicht gelingt es diesem zarten Pflänzchen angesichts des Mordens, zu wachsen.

Denn eines scheint mir völlig klar.
Nur ein Ende des Systems Putin kann diesen Krieg beenden. Zum Wohl der Ukraine, aber auch Russlands selbst.
Vielleicht gibt es doch diese neue russische Generation,

auf die ich so lange schon hoffe, die Russland nicht länger als Schreckgespenst der Welt sehen will, sondern als Teil einer Gemeinschaft, in der Menschenrechte und Toleranz oberstes Gesetz sind.

Ich weiß, auch in unserer Demokratie ist lange nicht alles zum Besten bestellt. Auch hier neigt man dazu, die Menschenrechte hintanzustellen, und nur zu oft werden sie einfach ignoriert.
Trotzdem hoffe ich auf den Sieg der Vernunft, der Toleranz und der Menschlichkeit dort und da. Nur so haben wir nämlich eine Zukunft. Die Ukraine, Russland und auch wir im sogenannten Westen.

Was du willst
ist nicht genug.
Was du tust
ist Lug und Trug.
Wer hat Recht?
Wer hat Pech?
Was geschieht
ist schlecht!
Schlecht und gut,
voller Wut
tanzen die Granaten.
Wer nicht rennt,
wer verbrennt,
ist nicht gut beraten.
Wo ist Luft? Wo ist Licht?

Wo sind die Gescheiten?
Die nicht schreien,
die nicht greinen,
die Vernunft verbreiten?